Kolofon
©Mathias Jansson (2018)
"Svart Metall och andra dikter"
ISBN: 978-91-86915-36-0

Utgiven av:

 "jag behöver inget förlag"
c/o Mathias Jansson
Tvärvägen 23
232 52 Åkarp
http://mathiasjansson72.blogspot.se/

Tryckt: Lulu.com

Svart Metall

Varg

I mörkret rör sig
corpse paintade silhuetter
flammorna slickar
den blodröda snön

En lukt av bränt läder
spår av rykande kedjor
som släpas
genom skogens
slingrande stigar

Långt bort i mörkret hörs sirener
det är fjorton minuter av tomhet
innan ljuset tar oss.

Doom

På vansinnets berg
balanserande mellan liv och död
biter sig kylan fast

Klippornas svärta
som ett träsnitt mot den vita snön
bokstävernas skuggor
som kastar sig över pappret
innan alla faller
en efter en
ner i mardrömmens avgrunder
ackompanjerade av
trummor, bas och elgitarr.

Frost

En svart kråka
stiger ner
sätter sina klor i mitt kött
sliter mig ur min sista vila

En kung är återfödd
uppstigen från andra sidan
ett avlägset ljud
växer i styrka
krökta klor som
trummar mot mitt skinn

Jag är krönt
jag står framför er
i svart läder med nitar
med en törnekrona av ärrvävnad
ett pentagram
inristat i min panna.

Shagrath

Möt mig i sorgens kammare
djupt nere
i den mörka borgen
där ljuset har slukats
av det eviga mörkret
där den svarta skräcken
härskar

Lyssna på det krispiga ljudet
kropparna som brinner
skriken från plågade själar
hör en helvetisk kakafoni
det är de fördömdas kör
ackompanjerad av demonernas melodi
en smärta
som gör att jag känner mig fri.

Filth

Snöflingorna faller
över krossade speglar
speldosan ristar sin melodi
i handledens nakna hud
blodröda droppar bildar
rorschachmönster på marken
galenskapens visioner
krälar i vansinniga tankar

Som ett spöke i dimman
glider jag fram
i labyrinten
bakom stängda dörrar
väntar skräckfyllda drömmar

En gotisk tablå
ett memento mori
med nakna kroppar
och svarta korpar
en erotisk saga
där döden följer dig
från vaggan till graven.

Angren

Hissa de dödas segel
lämna de fördömdas hamn
i lasten
tretton kistor av bly
att sänkas i mörkrets grav
i djupet av bottenlösa hav

Stormen smattrar mot skrovet
djävulens husdjur
tar skydd under däck
sprider sin sjuka smitta

På havet driver ett spökskepp
vid rodret står en blek gestalt
det är den sista holländaren
den evigt fördömda
genom stormen hörs hans stämma:
Bitte tötet mich.

Katakombmästarens anteckningar

1.
Likstelheten inträder redan på perrongen

I väntan på det försenade tåget
börjar förruttnelsens tecken
blåsvarta utslag på huden
likmasken som vrider sig i ögongloben

När tåget äntligen anländer
har det ruttnande köttet
redan fallit av kroppen

Ett benrangel stiger ombord
till sin sista destination.

2.
I mörkret har jag ställt mitt skrivbord
en sliten gravsten
uppallad med
ruttnande kistor
och uppsvällda kroppar

De skräckslagna, bleka, står redan i kö
med sina papper
beredda att få veta
var de ska sova i natt

Med vana rörelser
hänger jag upp
deras mögliga dödsattester
på rötterna
som sträcker sig
genom katakomben

Läser i mina förteckningar
ristar sedan ner
en slutgiltig adress
på deras benvita vrister.

3.
Självmördare, förolyckade
sjukdomsdrabbade, mördade
ålderstigna och ofödda
här är alla lika
registreras under rubriken döda
och läggs sedan åt sidan

Staplas i travar
sorteras efter behov
effektiv lagring
främjas före diskretion.

4.
Idag stod en liten flicka
framför mitt skrivbord
kramade sina tarmar
som en nallebjörn i famnen
halva ansiktet var söndersprängt
och sommarklänningen blodig

Hur jag än letade
kunde jag inte hitta henne
i mina papper
irriterat skrev jag
okänd i förteckningen
avvisade henne bestämt
till en annan myndighet.

5.
Den gamla mannen
mumlade en sista önskan
att få sova
bredvid sin sedan länge
döda fru

Önskan beviljas
i döden ska ingen skiljas
alla hamnar solidariskt
i samma hög
ben ligger bredvid ben
blandas och sorteras
skalle vid skalle
fot vid fot.

6.
Någon försökte tränga sig före
babblade om viktig person
rik, kung eller hög position
jag lyssnade med dövörat
på hans önskemål
om utmärkt plats
stort utrymme
magnifik installation

Svarade, såklart, såklart
ska du få det bästa
gav honom ett nummer
och ropade fram nästa
att sorteras in
bland de andra
anonyma döda.

7.
Något i ansikte var bekant
när han klev fram ur skuggorna
kände jag igenom honom
det var min son
gammal och grå
kan någon förstå
hur snabbt tiden går?

Förvirrade stod han och darrade
förstod inte ett ord jag sa
jag skickade honom vidare
att läggas till de andra
de stumma och stela
de bortglömda och förseglade.

8.
En gång var jag också levande
av kött och blod
en obetydlig arkivarie
ordning och reda
var min stora passion

Så hamnade jag
som alla andra
i underjordens system
det tog en evinnerlig tid
det var en sådan oreda
bland alla papper och ben

Jag tänkte bara hjälpa till
jag sökte inte min position
men blev kvar av plikt
för att klara upp denna
besvärliga situation

Jag blev katakombmästaren
de dödas byråkrat
van att hantera det förgångna
att effektivt insamla
historiens rester
och sortera dem
i underjordens arkiv.

Ambrosias kärl -en gotisk pastisch

Exteriör

Genom frostiga galler
skymtar man i dimman
siluetter av herrgårdens
övergivna tinnar

I trädgården äter rådjuren
ruttna äpplen
ur kråkbonas
kraxande
himlar

Murgrönan sträcker
sina risiga fingrar
genom spruckna
fönster
i sällskap av höstens
kalla vindar

I ett obebott fönster
glimmar en spöklik strimma
från ett ensamt ljus
en vit imma
lägger sig som
en hinna
på fönstrets karm

Och ett silkesvitt finger
tecknar siluetten
av ett pentagram
sluter till slut
historiens grindar
och försvinner bakom

änglars
eller är det
demoners vingar?

Barnkammaren

På mantelhyllan
dansar en ballerina
med musiken hackande
som solkig spets
kring sin midja

Vid fönstret
står smutsens vagga
gapande tom
sönderklöst
med kilskrift
blodigt förlöst

Mina nosferatupennor
ristar tapeten
med blodiga revor

Ur fingrarnas
sorgkantsspetsar
flyter min magma
djupt ur
själens mörka
pulserande kammar

Stapplande
konsonanter
raglar i
natten skuggor
zombielika
skriker de sina
isande vokaler
ur hopplöshetens mörka djup

Mina Kreugerpenslar
försöker sprätta
sönder ditt spröda
minne av hud
med de krafsar bara
smuts längs
betongbunkerns väggar

I min hand
Ligger ännu ett skrynkligt papper
med svaga konturer
rader av gravar
som styckade min själ
i trasiga strimmor

Bakom den stängda dörren
ekar ännu dina avskedssteg
hastigt avslöjade i korridoren
när ljusen flämtande svek
och en handfull jord
föll ur min slutna hand.

Vinden

Genom ekbjälkens
tusenåriga historia
borrar dödsuret sina
snåriga gångar

Ännu hänger mina
torkade tarmar
i kretslopp kring
besvikelsens kvistar

Så tajt drogs snaran
ur livets kista
genom andens knut
och ryckte själen
ur köttets boning
för evigt dömd
utan försoning

Som ett Prometheus straff
sitter korpen på min grav
hackar i sten
aldrig mer

aldrig mer

Skymningen sänker sig
vid varje gryning
när skuggor av råttor
släpar sig ner
längs mina
söndergnagda ben

Inbrända i min själ
är bildernas negativ
omslingrande
på Amors staffli
med flämtande kinder
och suckande
kärleksvindar
när din egen bror
öppnade
syndafallets grindar

Ettervarm
hävdes din ljuva barm
med falska kyssar
och brände mitt liv
med helvetiska lågor

I ett sista hopp
att släcka mina plågor
slet jag exkrementernas ålar
ur kroppens blodiga ådror.

Källaren

Änglar
demoner
svävar stilla i luften
väntande på domedagen

I mullen i fukten
dold i källarlukten
vilar ännu
min ofödda själ

En blodig trasa
en formlös klump
ett rasande skri
ett naturens bevis
på begärets
perverterade
tidsfördriv

Oälskad
förskjuten från
min moders bröst
förbannad
vred jag mig i skräck
i min födslograv
med en ballerina
som ända tröst

Tills min fader
på sjunde dagen
släckte
sin avkommas svett.

Trappan

Med blyertsspets
våt av salt
överger jag dig min bror
mitt barn
mitt allt

Hastar nerför
den dunkla trappan
med brinnande ljus
i min hand
skammens svarta släp
rinner längs min sida
som ett ångestfall

När du min älskade
stiger ur mörkret fram
med en handfull jord
kväver mitt skrik
av jord
till jord
fyller mitt lik

Död och kall
i bröllopsäng
vilar vi
än en gång
som syster och bror

Salongen

Min tvillingsjäl
syster av glas
mitt spegeljag
du var jag
jag var du
i döden blev det bara du

Alla du älskade
drev jag till
vansinnets brant
min bror - din bror
din man
din själ
slöt jag i min hand
evigt fördömd
är jag
i kretsen av
svartsjukans
brinnande pentagram.

Den

Den mörke

Ouija brädans öga
flämtar fram
ett budskap
från de döda

En varning
glider långsamt fram
väck ej den
som saknar namn
väntande utanför tid och rum
sedan begynnelsen

Stearinljusen flämtar till
bordet skakar
ur skuggorna framträder
den Mörke
står tyst och stilla
vid vår sida

Ur hans handflator
ur variga sår
flyger spyflugor
strömmar av svarta svärmar
kryper på väggarna

En berättelse träder fram
rör sig skugglikt
som en stumfilm
framför våra ögon
på väggen framträder en karta
över försvunna öar
drömda och bortglömda

I mitten av Oceanien
på en obetydlig yta
reser sig höga berg
en igenvuxen stig
leder till en hemlig dal
till portalen
fylld med tecken
besvärjelser
för att väcka den fördömda

Jordskorpan skälver
ur jordens inre kärna
sprutar eldsflammor
blandas med svavel och magma
dimensionerna välver
under ett kort ögonblick
bryts rumstiden
glimten på näthinnan
av den namnlösa gestalten
bränner eviga ärr i själen.

Framför vår syn
sjunker ön i havets djup
tysta stumma sitter vi kvar
medan Ouija brädan
sakta börjar röra sig
bokstavera besvärjelsen
till vår innersta skräck.

Den 13:e

Hand i hand
svettiga och nervösa
sitter vi tolv församlade
till seans en sen kväll
runt ett bord med fladdrande kandelabrar

Med förställd röst
åkallar någon fram det fördolda
en isande vind
får oss att skälva till
bordet skakar
generade och nervösa
ser vi oss omkring
räknar in 13 stycken
som sitter runt bordet
i en ring

En objuden gäst
som bjuder upp till dans
som vi följer som en svans
snabbare och snabbare
dras vi med
över stock och sten
tills köttet faller av våra ben
och vi står nakna
en skelettvita skara
i fullmånens sken.

Den Tysta

Övervakningskameran registrerar
en pushnotis syns
i min mobil
i mitt vardagsrum ser jag
den Tysta
blek och stilla
sittande i min fåtölj

Från mitt lantställe
kan jag med stigande skräck
följa varje rörelse
på min skärm

Med kallt vatten
ur tvättstället
försöker jag skölja bort
min rädsla

I spegeln ser jag
hur hon dyker upp
bakom mig
tyst och blek står hon
och stirrar på mig.

Den Hemska

En tentakel
en avhuggen hand
sträcker sig fram
under min säng

I mörkret vilar en skräck
en rörelse ett ljud
som får mig att stelna till
och dra täcket tätare
kring mitt huvud

En svart skugga
stiger fram
den Hemska
med sina greniga fingrar
som piskar mot min ruta
kastar groteska skuggor
på väggen framför mig
får hela min själ att darra
och skräckslagen ropa: Sluta!

Den Stinkande

I katakombernas virrvarr
av döda kroppar
sprider sig stanken
från den Stinkande

En sötsur uppstötning
av förruttnelse
en överjäst brygd
av kroppsliga exkrement

Kräkreflexen får mig
att vrida mig av obehag
lukten bedövar mina sinnen
galenskapen jagar mina minnen
medan den Stinkande
med slemmiga fingrar
sluter sig om min hals.

Den Förskäckliga

Spruckna speglar
med sorgkanter
reflekterar själens
avgrundsbranter

Ett monster av ondska
träder fram
när verkligheten
vänds bak och fram

Den Förskräckligas gestalt
som bara vill
ödelägga allt
för varje själ har
en natt och en dag
och den Förskräckliga
som du ser i spegeln
är bara ditt mörka jag.

www.ingramcontent.com/pod-product-compliance
Lightning Source LLC
Chambersburg PA
CBHW030010040426
42337CB00012BA/717